better place to live

Helen and Scott.

추천 · 감수 **김완기**
한국아동문학회 중앙위원장, 한국아동문학연구회 수석부회장, 국제펜 · 한국문인협회 ·
한국저작권협회 회원. 서울서래초등학교 교장 역임. 서울신문 신춘문예에 동시가 당선되었고,
한국아동문학작가상, 한정동아동문학상, 대한민국동요대상 등을 수상했습니다.
동화집 〈내 배꼽이 더 크단 말이야〉, 동시집 〈엄마, 이게 행복인가 봐〉,
이야기책 〈마음을 따뜻하게 해 주는 101가지 작은 이야기〉 등 다수의 어린이 책을 썼습니다.

추천 · 감수 **이창수**
한국문인협회 아동문학분과 회장, 한국아동문학회 부회장, 국제펜 회원이며,
어린이 전문 출판사의 편집장 등을 역임했습니다. 한국아동문예작품상, 한국아동문예상,
한국아동문학작가상, 김영일아동문학상 등을 수상했습니다. 〈정수가 위험해〉, 〈우주 여행〉,
〈공포의 진주 동굴〉, 〈따뜻한 남쪽 나라〉 등 다수의 어린이 책을 썼습니다.

추천 · 감수 **김병규**
한국일보 신춘문예 동화 부문과 중앙일보 신춘문예 희곡 부문에 각각 당선된 뒤 활발한
창작 활동을 하고 있습니다. 〈희망을 파는 자동판매기〉, 〈나무는 왜 겨울에 옷을 벗는가〉,
〈요리사의 입맛〉, 〈그림 속의 파란 단추〉, 〈아침에 부르는 자장가〉 등의 작품을 발표하였으며,
대한민국문학상, 소천아동문학상, 해강아동문학상 등을 수상하였습니다.
현재 소년한국일보 편집국장으로 일하고 있습니다.

글 **이지현**
1999년 MBC 창작동화 장편부문 대상을 수상하였습니다.
지은 책으로는 〈파란 눈의 내 동생〉, 〈섬과 개〉, 〈작은 낙타 아저씨〉,
〈시계 속으로 들어간 아이들〉 외 다수가 있습니다.

그림 **임운규**
서울대학교 서양화과와 동 대학원 졸업. 개인전 1회. 작품으로는 길벗어린이
〈호랑이〉, 〈마르코 폴로〉, 〈레오나르도 다 빈치〉, 〈아름다운 비밀〉,
〈차스키와 테라스〉 등 다수가 있으며, 현재 프리랜서로 활동 중입니다.

헤밍웨이 테마 위인 78

헬렌 니어링

펴 낸 이　전병용
펴 낸 곳　(주)한국헤밍웨이
주　 소　서울특별시 송파구 석촌동 7-3번지
대표전화　(02)470-7722 · 475-2772
팩　 스　(02)470-8338 · 475-2552
연구개발원 · 회원무료교육센터
주　 소　경기도 성남시 분당구 금곡동 444-148
대표전화　(031)715-7722 · 715-8228
팩　 스　(031)786-1100 · 786-1001
고객문의　080-715-7722
출판등록　제17-354호
기　 획　김현정, 이은선, 정강호
편　 집　박종휘, 조애경, 임미옥, 이영혜, 황혜전, 왕혜선, 조선학
디 자 인　전경숙, 한유영, 조수진, 김지혜, 안성하, 이정하, 김진아, 정년화

이 책의 저작권은 (주)한국헤밍웨이가 소유하고 있으므로
본사의 동의나 허락 없이는 내용이나 그림을 어떠한 방법으로도 사용할 수 없습니다.

⚠ 주의　· 다칠 우려가 있습니다. 본 교재를 던지거나 떨어뜨리지 않도록 주의하십시오.
　　　　· 고온 다습한 장소나 직사광선이 닿는 장소에는 보관을 피해 주십시오.

자연과 함께한 자유인

헬렌 니어링

글 | 이지현 그림 | 임운규

한국헤밍웨이

헬렌 니어링은 1904년 2월 23일 미국의 뉴저지 주에서 태어났어요.
헬렌의 부모님은 음악이나 미술 같은 예술과 문학을 매우 사랑했고,
또 즐길 줄 아시는 분들이었어요.
헬렌의 부모님은 부유하였는데, 사회 봉사에도 관심이 많아
활동에 직접 참여하기도 하였어요.
또한 보통의 미국 사람들과는 달리 채식*을 했으며,
날마다 명상을 하여 마음을 닦고는 했지요.
헬렌은 삼 남매 가운데 둘째였는데,
부모님의 영향을 제일 많이 받았어요.
그래서 부모님처럼 채식주의자가
되었지요.
그런 헬렌이 가장 좋아했던 것은
아버지와 함께 피리를 불며
노래를 부르는 일이었답니다.

*채식 : 밥을 먹을 때 고기를 전혀 먹지 않고,
　　　 채소와 과일만 먹는 것을 말해요.

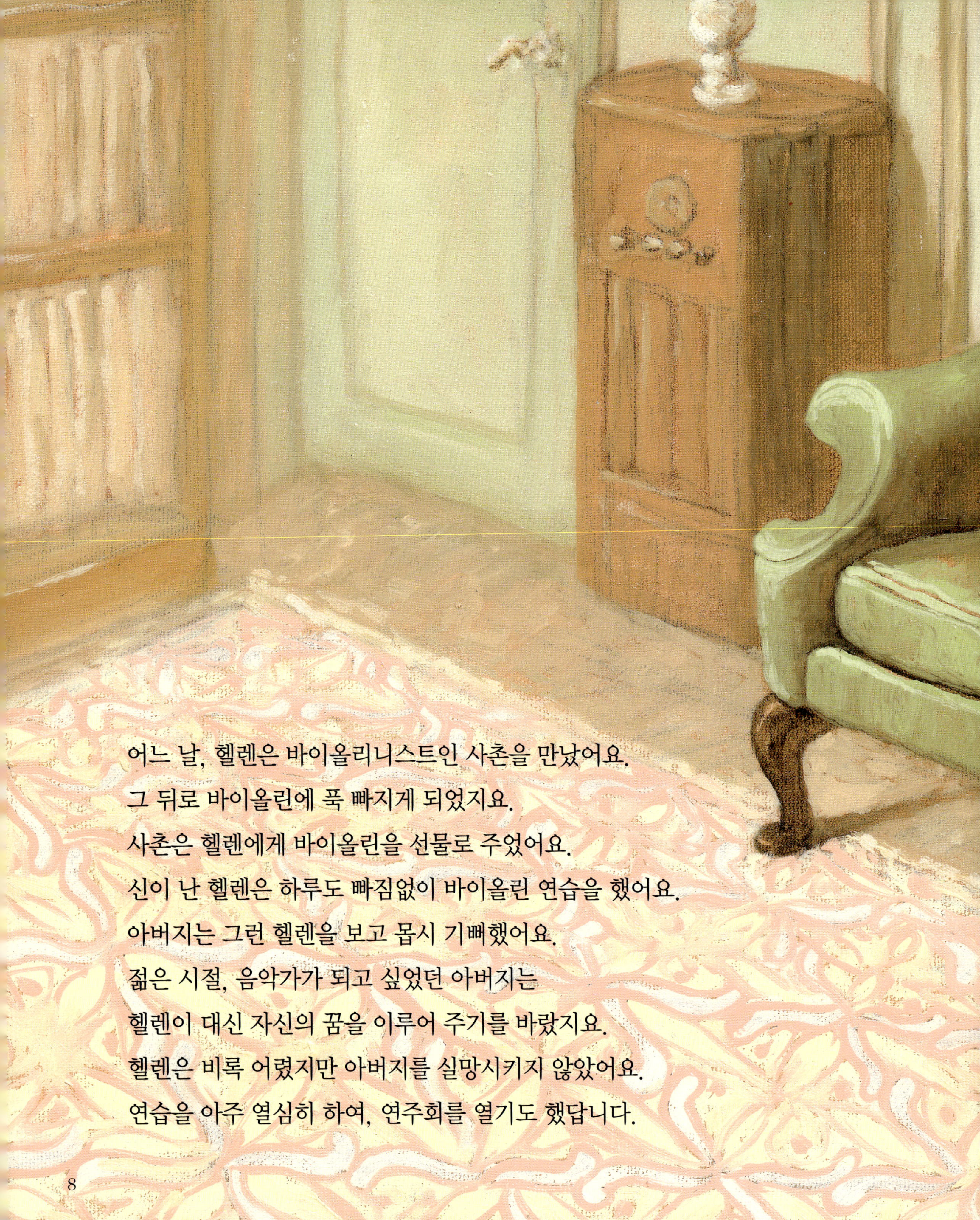

어느 날, 헬렌은 바이올리니스트인 사촌을 만났어요.
그 뒤로 바이올린에 푹 빠지게 되었지요.
사촌은 헬렌에게 바이올린을 선물로 주었어요.
신이 난 헬렌은 하루도 빠짐없이 바이올린 연습을 했어요.
아버지는 그런 헬렌을 보고 몹시 기뻐했어요.
젊은 시절, 음악가가 되고 싶었던 아버지는
헬렌이 대신 자신의 꿈을 이루어 주기를 바랐지요.
헬렌은 비록 어렸지만 아버지를 실망시키지 않았어요.
연습을 아주 열심히 하여, 연주회를 열기도 했답니다.

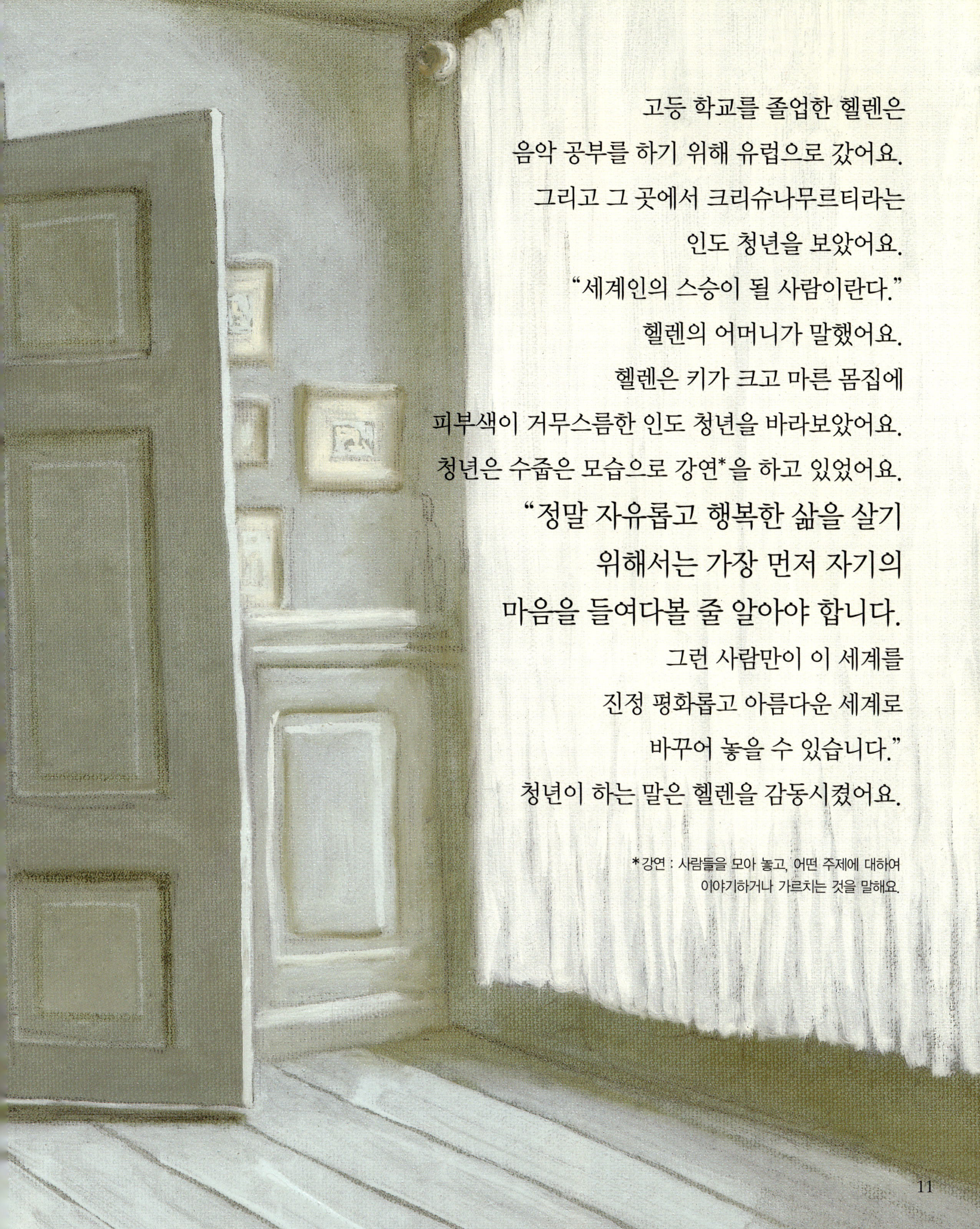

고등 학교를 졸업한 헬렌은
음악 공부를 하기 위해 유럽으로 갔어요.
그리고 그 곳에서 크리슈나무르티라는
인도 청년을 보았어요.
"세계인의 스승이 될 사람이란다."
헬렌의 어머니가 말했어요.
헬렌은 키가 크고 마른 몸집에
피부색이 거무스름한 인도 청년을 바라보았어요.
청년은 수줍은 모습으로 강연*을 하고 있었어요.
"정말 자유롭고 행복한 삶을 살기
위해서는 가장 먼저 자기의
마음을 들여다볼 줄 알아야 합니다.
그런 사람만이 이 세계를
진정 평화롭고 아름다운 세계로
바꾸어 놓을 수 있습니다."
청년이 하는 말은 헬렌을 감동시켰어요.

*강연 : 사람들을 모아 놓고, 어떤 주제에 대하여
이야기하거나 가르치는 것을 말해요.

헬렌은 크리슈나무르티의 강연을 들은 후
'이상을 실천하는 사람들' 이라는
캠프에 참가하기로 결심했어요.
유럽의 여러 나라에서 온 많은 젊은이들이 캠프에 참가했어요.
그들 모두 헬렌처럼 정신과 영혼을 소중하게 여기며, 자신을
발전시켜 보다 나은 세계를 만드는 데 보탬이 되기를 원했지요.
그 곳에서 헬렌은 크리슈나무르티를 직접 만나게 되었어요.
헬렌과 크리슈나무르티는 함께 산책을 하며 많은 이야기를 나누었어요.
그러다 서로 사랑에 빠지게 되었지요.

헬렌과 크리슈나무르티는 그 후 6년 동안
편지를 주고받았어요.
'당신은 위대해져야 합니다.
그렇게 되는 것이 옳은 일이기 때문입니다.
당신은 당신이 진정으로 바라는 일이 무엇인지
알아야 합니다. 그래야만 행복한 삶을 살 수 있습니다.
당신에 대한 나의 사랑은 이루 말할 수 없을 만큼
크고 순수하며 고귀합니다…….'
크리슈나무르티는 이런 내용이 적힌 편지들을
헬렌에게 보내왔어요.
그리고 헬렌에게 자신의 일을 도와달라는
내용을 덧붙였어요.
결국 헬렌은 그토록 아끼던 바이올린을 그만두고,
크리슈나무르티를 돕기로 결심했어요.

크리슈나무르티를 돕기로 한 헬렌의 결정은
헬렌이 바이올린으로 성공하기를 원했던
부모님에게는 놀랍고 실망스런 것이었어요.
"우리는 네가 바이올린 공부를 계속 하기를 바란다."
"너는 바이올린 연주에 재능이 있어. 그 재능을 살려야 한단다."
그러나 헬렌은 바이올린을 배우는 것보다
삶의 참뜻과 목적을 배우는 일이 더 중요하다고 생각했어요.
결국 부모님의 반대를 무릅쓰고 호주의 시드니로 갔어요.
그 곳에서 뜻을 함께 하는 젊은이들과 지내면서
명상*과 자기 수련*을 계속했지요.

*명상 : 조용히 눈을 감고 생각에 잠기는 것을 말해요.
*수련 : 인격이나 기술, 학문 따위를 닦아서 단단하게 굳히는 것을 말해요.

어느 날 국제 회의에 참석하러 간 헬렌은
인도의 뭄바이와 캘커타 뒷골목에서 가난한 사람들을 보았어요.
그들은 무척 비참해 보였어요.
"당신은 왜 저 사람들을 위해 강연을 하지 않나요?"
헬렌이 크리슈나무르티에게 물었어요.
"그것은 저 사람들이 나를 초대하지 않기 때문이에요."

크리슈나무르티의 대답을 들은 헬렌은 놀랐어요.
그녀는 정말 도움이 필요한 사람들은 다른 누구도 아닌,
바로 가난한 사람들이라고 생각했어요.
그렇지만 크리슈나무르티의 가르침이 그들에게는
그다지 도움이 안 되었던 것이지요.
시드니로 돌아간 헬렌은 이 때부터 가난한 사람들을 찾아다니며,
그들을 돕기 시작했어요.

1928년, 헬렌은 자신의 인생에서 가장 중요한 사람을 만났어요.
그 사람은 바로 스콧 니어링이에요.
물론 그를 만날 때까지만 해도, 자신이 그 사람과 결혼할
줄을 꿈에도 모르고 있었어요.
스콧은 아주 똑똑한 사람이었어요.
또 높은 이상을 가지고 있었으며,
자신이 옳다고 믿는 일은 몸으로 실천하는 사람이었어요.
"그래, 그 동안 무얼 하면서 지냈소?"
사실 헬렌과 스콧은 언젠가 한 번 만난 적이 있었어요.
헬렌은 스콧의 질문에 그 동안 유럽으로 가서
바이올린을 공부한 것과 인도를 여행한 일,
시드니에서 한 일 등을 들려 주었어요.

스콧은 헬렌의 이야기를 열심히 들어 주었어요.
그런 그의 태도에 헬렌은 진지함과 자상함을 느꼈어요.
스콧 니어링은 부유하게 태어났지만, 가난한 사람들에게 관심이
많았어요. 대학에서 경제학을 공부하여, 교수가 되었지요.
"한 사람이 너무 많은 것을 가지면 안 됩니다.
그렇게 되면 나머지 다른 사람들이 가질 것이 없어집니다."
스콧은 학생들에게 그렇게 가르쳤어요. 또한 전쟁은
어리석은 일이라며, 미국 정부의 정책을 정면으로 비판했어요.
이런 그를 부자들은 좋아하지 않았어요.
결국 그는 대학에서 쫓겨나고 말았어요.

어려움이 닥쳐도 소신*을 굽히지 않는 스콧에게 헬렌은 감명*받았어요.
헬렌은 가난한 사람들의 삶을 직접 경험하고 싶어졌어요.
그녀는 가족의 품을 떠나 뉴욕으로 가서 공장에 들어갔어요.
공장에서 일하는 사람들의 생활은 정말 비참했어요.

*소신 : 굳게 믿고 생각하고 있는 것을 말해요.
*감명 : 감격하여 마음에 깊이 새기는 것, 또는 그렇게 새겨진 느낌을 말해요.

그들을 돕고 싶어하는 헬렌에게 스콧이 말했어요.
"그들을 도우려면, 이전까지의 생활을 포기해야 해요. 일단 유럽으로 가서
예전처럼 생활해 본 다음 결정해요. 그래야 후회하지 않을 거요."
헬렌은 스콧의 충고를 받아들여 네덜란드로 갔어요.

네덜란드에서는 많은 친구들이 헬렌을 환영했어요.
물론 귀족과 부잣집 청년들이 청혼도 했지요.
그러나 헬렌은 그러한 모든 것들이
하나도 즐겁지 않았어요.
호화롭게 차려진 식탁을 보면, 먹을 것을 구하려고
길거리에서 줄을 서 있는 사람들이 떠올랐어요.

그러면서 헬렌은 자기가 진심으로 원하는 것이
무엇인지 깨닫게 되었어요.
헬렌은 친구들과 상류층 생활을 버리고, 미국으로 돌아왔어요.
긴 머리를 짧게 자르고, 좋은 옷과 값비싼 물건들은
모두 친구들에게 나누어 주었지요.
헬렌은 스콧과 함께 세상에 도움이 되는 일을 하고 싶었어요.

헬렌과 스콧은 얼음장처럼 추운 집에서 손을 호호 불어가며
전쟁에 반대하는 원고를 썼어요.
그리고 힘을 가진 사람들이 흑인이나 어린아이처럼
약한 사람들을 괴롭히는 이야기를 소설로 썼어요. 그러나 출판사에서는
잘 팔리지 않을 거라며 책으로 만들어 주지 않았어요.
"우리는 옳은 일을 하고 있는 거예요. 그러니 절망하지 말아요."
헬렌은 이렇게 스콧을 위로했어요.
하지만 아무리 노력해도, 도시 생활은 궁핍*함만 가져다 줄 뿐이었어요.

*궁핍 : 견디기 힘들 정도로 몹시 가난하다는 말이에요.

29

"시골로 내려가는 것이 어떻겠소?"
어느 날, 스콧이 물었어요.
결국 1932년, 두 사람은 있는 돈을 전부 털어 모아서
버몬트*에 있는 허름한 농장을 샀어요.

*버몬트 : 미국의 북동쪽에 있는 지방 이름이에요.

한 번도 농사를 지어 본 적이 없는 헬렌도
손수 땅을 일구고, 채소를 가꾸었어요.
두 사람은 돌을 모아다 자기들이 살아 갈 집을 짓고,
주변에 사탕단풍나무를 심었어요.
스콧과 헬렌은 검소하게 살면서 즐겁게 일했어요.
그들은 많은 것을 갖기 위해 애쓰는 일은 하지 않았어요.
양식이 먹을 만큼 마련되면,
나머지는 이웃들에게 아낌없이 나누어 주었어요.
언제부터인가 욕심 없이 자연과 더불어 살아가는
그들의 삶이 세상 사람들에게 알려지기 시작했어요.

"저희들도 당신들처럼 살고 싶습니다. 어떻게 하면 되나요?"
사람들이 이렇게 물어왔어요. 헬렌은 찾아오는 사람들을 환영했어요.
물론 자신들의 경험을 담은 책들을 펴내고, 강연도 다녔어요.
사람들은 스콧과 헬렌의 이야기를 통해 참된 삶의 뜻을 깊이 생각하게
되었지요. 그들은 약한 사람들 편에서 평화적인
방법으로 옳지 않은 것들과 맞서 싸웠어요.
스콧이 백 살이 되었을 때, 이웃 사람들이 깃발을 들고 찾아왔어요.
깃발에는 다음과 같은 말이 쓰여 있었어요.
'헬렌과 스콧이 있어 이 세상은
좀더 살기 좋은 곳이 되었다.'
이 글을 읽은 두 사람은 서로를 바라보며 활짝 웃었어요.

better place   to live in
Helen and Scott.

헬렌 니어링의 발자취

(1904~1995년)

▲ 고등학교 친구들과 함께(1924년)

▼ 러시아에서 첫 번째 여행 중인 헬렌과 스콧 니어링.

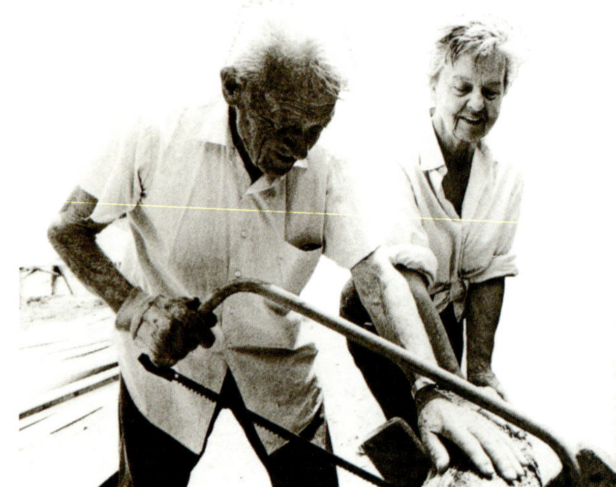

▲ 통나무를 자르고 있는 헬렌과 스콧 니어링(1980년)

▲ 버몬트 농장에서(1947년).

▲ 리지우드 고등학교 시절의 헬렌(1920년)

▼ 헬렌의 식탁.

▼ 헬렌의 저장 식품들.　▼ 헬렌의 온실.　▼ 단풍나무로 만든 창고

헬렌과 스콧의 돌담집.

▲ 블루베리를 따는 헬렌.

▼ 일상을 기록하고 있는
헬렌과 스콧.

▲ 밭일 하는 스콧.

▲ 자신들의 돌담집 밖에서
피리를 불고 있는
헬렌과 스콧(1931년).

헬렌 니어링의 생애	한국사 주요 사건	세계사 주요 사건
1904 년 2월 23일, 미국 뉴저지 주의 리지우드 마을에서 태어남.	한일 의정서 체결. 한일 병합, 조선 총독부 설치(1910).	러·일 전쟁 발발. 폴란드, 독립 선언 (1916).
1921 년 고등 학교를 졸업하고, 유럽으로 바이올린 공부를 하러 감.	자유시(흑하) 샤변.	워싱턴 군축 회의.
1922 년 빈으로 가서, 바이올린을 배움.	경성 무선전신국 설치 (1923).	일본, 관동 대지진 (1923).
1924 년 바이올린을 그만두고 시드니로 감. 그 곳에서 신지학협회 일을 도와 줌.		
1928 년 스콧 니어링과 만남. 뉴욕에 있는 여러 공장에 취직을 함 (1929).	홍명희의 〈임꺽정〉, 조선일보에 연재 시작.	미국 이스트만, 천연색 필름 발명. 중국의 장개석, 국민정부 주석에 취임.
1932 년 버몬트 주로 옮겨 감. 시골 생활이 시작됨.	이봉창·윤봉길 의거.	상하이 샤변 일어남.
1947 년 스콧 니어링과 결혼함. 〈사탕단풍〉 펴냄(1950).		
1954 년 〈조화로운 삶〉이라는 책 펴냄. '사회과학연구소'를 설립함.	유네스코 한국위원회 발족.	유엔 총회에서 원자력 평화 이용 공동 결의안 제출.
1959 년 〈여행의 권리〉 펴냄.		
1977 년 인도에서 열리는 국제 채식주의자 회의에 참석함.	박정희 대통령 피격·사망(1979). KAL기 피격, 아웅산 폭발 사건(1983).	미국·중국 국교 정상화 (1979).
1995 년 세상을 떠남.		르완다, 교전 재개.

보람 있는 삶

어느 날, 백 살을 앞둔 스콧 니어링에게 기자들이 찾아와 물었어요. "존경하는 인물이 누구입니까?"

그러자 스콧 니어링이 대답했어요. "톨스토이와 간디입니다."

"모두 돌아가신 분들이군요. 그렇다면 현재 살아 있는 분들 중에서 가장 큰 영향을 받은 사람은 누구인지 말씀해 주시겠습니까?"

그러자 스콧 니어링은 잠시 생각에 잠겼어요. 그러더니 아주 또렷한 목소리로 이렇게 대답했어요.

"제 아내 헬렌입니다."

문 앞에 서서 이 말을 들은 헬렌은 어린아이처럼 즐거워하며 스콧에게 달려가 입을 맞추었어요.

우리는 모두 누군가에게 인정을 받을 때 커다란 기쁨을 느껴요. 헬렌 니어링은 수많은 사람들에게 영향을 미쳤어요. 젊은 시절에는 인도의 성자라고 불리는 '크리슈나무르티'의 삶에도 영향을 끼쳤지요. 뿐만 아니라, 가까이에서는 이웃과 친구들에게도 영향을 주었고, 자신들의 살아온 이야기가 담긴 책의 독자들에게도 좋은 교훈을 주었지요. 헬렌은 일생을 통해 사람들에게 행복하게 사는 법을 몸소 보여 주었어요. 그 덕분에 수많은 사람들이 보람 있는 삶이란 어떤 삶인지 돌아보고 생각해 보게 되었답니다.

조화로운 삶과 아름다운 죽음

헬렌과 스콧은 자연 속에서 모든 것과 조화를 이루며, 만족스런 삶을 살았어요. 비록 부자는 아니었지만, 그들은 무척 행복했어요. 땀을 흘려 일을 하고, 그렇게 해서 거두어들인 곡식으로 양식을 마련했지요. 그러면서 두 사람은 자신들을 발전시키는 일을 게을리하지 않았어요. 둘은 함께 책을 읽고, 글을 썼으며, 음악을 듣기도 하고 명상을 하기도 했어요. 강연을 다니면서 이 세상에 도움이 될 만한 일들을 찾아 그것을 실천하였지요. 그렇게 살다가 더 이상 자신들이 아무 일도 할 수 없게 되었을 때, 죽음의 길로 갔답니다. 스콧 니어링이 백 살이 되었을 때였어요. 그는 이렇게 말했지요. "헬렌, 이제 나로서는 더 이상 이 세상을 위해 할 수 있는 일이 없소. 그러니 다른 세상으로 가야겠소." 이 말을 들은 헬렌은 담담하게 스콧의 말을 받아들였어요. 그리고 그가 평화롭게 죽을 수 있도록 도와 주었지요. 스콧은 자신의 의지로 먹는 음식양을 조금씩 줄였어요. 그러면서 몸의 기운도 점점 떨어져 갔지요. 그러나 의식은 언제나 또렷했어요. 스콧 니어링은 그렇게 가벼운 몸으로, 그리고 맑은 정신으로 죽음을 향해 한 발 한 발 나아갔어요. 죽음이 인생의 끝이 아니라, 오히려 또 다른 시작이라고 믿었던 헬렌은 기쁜 마음으로 스콧이 떠나는 것을 지켜보았어요. 그의 생명은 짚불처럼 아주 조용하고, 평화롭게 사라졌어요. 헬렌 니어링은 스콧의 죽음이 그가 살아온 만큼이나 아름답고 숭고하다고 생각했어요. 스콧이 그녀의 곁을 떠난 지 12년 뒤, 헬렌 니어링도 세상을 떠났답니다.

▌읽고 나서 논술대비 – 생각 나누기 ▐

1. 크리슈나무르티라는 인도 청년이 말한 모범이 될 만한 사람은 어떤 사람일지 말해 보세요.
2. 헬렌 니어링이 바이올린을 그만두게 된 이유는 무엇이었나요?
3. 헬렌 니어링이 크리슈나무르티에게 실망한 이유는 무엇인가요?
4. 헬렌 니어링이 인도에서 한 일과 시드니에서 한 일을 모두 말해 보세요.
5. 헬렌 니어링이 상류층 생활을 버리고 미국으로 돌아간 이유는 무엇이었나요? 헬렌이 진심으로 원하는 삶은 어떤 삶이었는지 이야기해 보세요.